湖北省博物館
HUBEI PROVINCIAL MUSEUM

湖北省博物馆少儿绘本丛书

博物馆里的节日

中秋节

主编 钱 红

WUHAN UNIVERSITY PRESS
武汉大学出版社

“湖北省博物馆少儿绘本丛书”编委会

《博物馆里的节日》编委会

前　言

越来越多的小朋友走进博物馆，爱上博物馆，爱上博物馆里的文物故事。为此，我们精心打造了《博物馆里的节日》，将 14 个传统节日、7 个公历节日，分别与湖北省博物馆里的 21 件文物瑰宝链接起来。我们精心设计了湖北省博物馆的文物守护精灵“北北”，还有她的好朋友“湖湖”，让他们带着大家一起穿越时光，了解每个节日的由来；体验每个传统节日的习俗，这些习俗都是中华民族在漫长的历史长河中不断凝聚的宝贵财富，值得我们传承；配上了与文物相关的成语故事、神话故事或历史故事；设置了有趣的“互动问答”，让小朋友在轻松愉快的氛围中学习科普知识。小朋友还可以邀请家长扫描书中的二维码，拓展更广阔的“悦读”空间，了解更多的传统文化，让先民留给我们的精神财富得以传承和弘扬。

钱红

2022 年 11 月

春节
元宵节
除夕
小年
腊八节
冬至
重阳节

龙抬头

花朝节

上巳节

清明节

中秋节

端午节

七夕节

你好！我叫北北，是湖北省博物馆的文物守护精灵。我可以穿梭时光，带你体验不一样的博物馆节日氛围。旁边是我的好朋友——湖湖。

我们都喜欢湖北省博物馆里的文物，也喜欢听文物背后的故事！这些故事和我们传统节日也有关哦！

最团圆夜是中秋

——中秋

今晚的月亮好圆啊！

望月怀远
（唐）张九龄
海上生明月，天涯共此时。
情人怨遥夜，竟夕起相思。
灭烛怜光满，披衣觉露滋。
不堪盈手赠，还寝梦佳期。

节日由来
中秋节是我国仅次于春节的第二大传统节日，人们借明月抒发思念之情，祈求团圆。
阖家欢聚，和和美美。

民间关于中秋节的传说很多，我们最耳熟能详的是“嫦娥奔月”。
八月十五，嫦娥为了不让逢蒙拿走不老仙药，情急之下，吃下了不老药，飞到了月宫。

节日习俗

中秋节人们会赏月、吃月饼，祈盼亲人团圆，还会观潮，饮桂花酒。

赏月

味道醇香可口。

饮桂花酒

吃月饼

观潮

今天的潮水真是汹涌澎湃啊！

文物链接

青花瑶台赏月图瓷锺

2001 年出土于钟祥，是梁庄王珍爱之物。外壁绘有“瑶台赏月图”，表现了女性赏月弄花的优美意境。

神话故事

吴刚伐桂： 相传月亮上有棵繁茂的桂树。汉朝的吴刚随一位仙人修道，因不能坚持学习，触怒天帝，被罚砍桂树，但桂树随砍随合。直至今天，我们隐约还看到月亮上有一棵大树，旁边好像有人在挥动斧头呢。

互动问答

1. “月是中秋明”，中国自古就有中秋（ ）的习俗。

A. 赏月祭月　　B. 祭祖　　C. 登高

2. 人们喜欢将（ ）与月亮联系在一起。

A. 青蛙　　B. 玉兔　　C. 高山

3. 下面器物中没有“月亮”的是（ ）。

A. 青花瑶台赏月图瓷锺
B. 青白玉镂空东升图环饰
C. 元青花四爱图梅瓶

4. 吴刚伐桂的神话故事告诉我们，学习（ ）。

A. 要找名师　　B. 贵在坚持　　C. 要有窍门

答案

图书在版编目(CIP)数据

博物馆里的节日.中秋节/钱红主编.—武汉:武汉大学出版社,2023.5
湖北省博物馆少儿绘本丛书
ISBN 978-7-307-23746-9

Ⅰ.博… Ⅱ.钱… Ⅲ.节日—风俗习惯—中国—少儿读物 Ⅳ.K892.1-49

中国国家版本馆CIP数据核字(2023)第078605号

责任编辑:李 玚　　责任校对:李孟潇　　装帧设计:何家辉 许志威

出版发行:**武汉大学出版社** (430072 武昌 珞珈山)
(电子邮箱:whu_publish@163.com)
印刷:武汉市金港彩印有限公司
开本:880×1230 1/16 印张:25 字数:157千字
版次:2023年5月第1版 2023年5月第1次印刷
ISBN 978-7-307-23746-9 定价:298.00元(全15册)